BEI GRIN MACHT SICH IHR WISSEN BEZAHLT

Bibliografische Information der Deutschen Nationalbibliothek:

Die Deutsche Bibliothek verzeichnet diese Publikation in der Deutschen National-
bibliografie; detaillierte bibliografische Daten sind im Internet über http://dnb.d-
nb.de/ abrufbar.

Impressum:

Copyright © 2019 GRIN Verlag
Druck und Bindung: Books on Demand GmbH, Norderstedt Germany
ISBN: 9783346216526

Dieses Buch bei GRIN:

https://www.grin.com/document/888987

Sibylle Götz

Organisationskultur und Kommunikation. Ein Überblick

GRIN Verlag

GRIN - Your knowledge has value

Der GRIN Verlag publiziert seit 1998 wissenschaftliche Arbeiten von Studenten, Hochschullehrern und anderen Akademikern als eBook und gedrucktes Buch. Die Verlagswebsite www.grin.com ist die ideale Plattform zur Veröffentlichung von Hausarbeiten, Abschlussarbeiten, wissenschaftlichen Aufsätzen, Dissertationen und Fachbüchern.

Besuchen Sie uns im Internet:

http://www.grin.com/

http://www.facebook.com/grincom

http://www.twitter.com/grin_com

Inhaltsverzeichnis

1 Einleitung

1.1 Was ist Organisationskultur?

Eine einheitliche Definition von Organisationskultur zu finden ist nicht so ganz einfach. Allerdings gibt es durchaus verschiedene Ansätze, sich diesem Begriff zu nähern.

Allgemein und recht simpel kann man Organisationskultur als Konstrukt gemeinsam geteilter Muster des Denkens, Fühlens und Handelns, sowie der sie vermittelnden Normen, Werte und Symbole innerhalb einer Organisation verstehen. Das Konzept der Organisationskultur greift den Kulturgedanken aus der Kulturanthropologie auf. Demnach bildet jede Organisation, in welcher Form sich auch immer existiert, eine eigene, spezifisch und kennzeichnende Kultur heraus. Hierbei sollen das kollektive organisatorische Verhalten und das Verhalten von Mitgliedern der Organisation eindeutig beschrieben und sichtbar werden. Sie ergibt sich aus dem Zusammenspiel von Werten, Normen, Denkhaltungen und Paradigmen, welche die Mitarbeiter kollektiv teilen, allerdings sind sich nicht immer alle bewusst, dass sie sich entsprechend der Organisationskultur verhalten. Durch die Kultur wird das Zusammenleben in der Organisation sowie das Auftreten nach außen hin geprägt. Edgar H. Schein, gilt als „der" Wegbereiter des Forschungsfeldes Organisationskultur. Schein definiert Organisationskultur als „ein Muster gemeinsamer Grundprämissen, das die Gruppe bei der Bewältigung ihrer Probleme externer Anpassung und interner Integration erlernt hat, das sich bewährt hat und somit als bindend gilt; und das daher an neue Mitglieder als rational und emotional korrekter Ansatz für den Umgang mit Problemen weitergegeben wird." (Schein 1985, S. 25)

Man könnte auch kurzgefasst sagen, Kultur in Organisationen ist wie wir etwas machen, ohne dass man das warum im Grunde hinterfragt. Die Frage, die sich aufdrängt, ist, warum ist die Unternehmens-Organisationskultur so wichtig? Hier finde ich eine gute Begründung bei E. Schein: "Sie ist wichtig, weil Entscheidungen, die in Unkenntnis der kulturellen Mechanismen getroffen werden, unerwartete und unwillkommene Folgen haben könnte." Schein 2010, S.19)

1.2 Eisbergmodelle, Vier-Seiten-Modell, Drei Ebenen Modell der Unternehmenskultur und die „Kulturzwiebel" - Modelle der Organisationskultur und Kommunikation

Aus dem Bereich der Kommunikation habe ich dabei auf das „Eisbergmodell" und das „Vier-Seiten-Modell" vorwiegend zurückgegriffen: Aber natürlich spielt auch die Kommunikationsgrundlage, das ist für mich das Sender-Empfänger-Modell, eine elementare Rolle.

Aus der Organisationskultur von Schein kommt das Modell drei Ebenen Modell der Unternehmenskultur zum Tragen. Ebenso wie auch das Eisbergmodell der Kultur. Das Eisbergmodell macht hier sehr deutlich und zwar sehr anschaulich, dass einige Gebiete der Organisationskultur gut sichtbar, an der Oberfläche sich befinden. (z.B. Sprache, Bräuche, Kleidung, Essen), während der weitaus größere Teil unter der Oberfläche verborgen bleibt (z.B. Normen, Werte, Philosophie). Die Bereiche, die nicht direkt sichtbar sind, bleiben vorwiegend den Menschen verborgen, die mit der Kultur nicht vertraut sind. Auch „Neulinge" tasten sich erst mit der Zeit an die Unternehmenskultur heran und erahnen zunächst wahrscheinlich nur, was sich im Vorborgenen abspielt. Sie beeinflussen jedoch die sichtbaren Bereiche stark. Erst durch das Wissen, welches man sich mit der Zeit und durch viel kommunizieren und beobachten aneignet, können neue Mitarbeiter die zunächst fremde Unternehmenskultur verstehen. Eben wie ein Eisberg, nur die Spitze reicht aus dem Wasser heraus und ist für uns Menschen sichtbar. Unterwasser befindet sich aber die Basis und damit der weitaus größere Teil des Eisberges.

Interessant fand ich in diesem Zusammenhang auch das Zwiebelmodell. Dieses stammt von Geert Hofstede, der damit die verschiedenen Ebenen kultureller Prägung kenntlich machen will. Wie eine Zwiebel besteht die Kultur aus verschiedenen Schichten. Dabei trifft er die Unterscheidung der Bereiche Symbole, Helden, Rituale und Werte. Je näher die jeweilige Schicht der Außenhaut ist, desto leichter lässt sie sich beeinflussen. Anders herum, je tiefer sie im Kern steckt, desto stabiler und gefestigter ist sie.

Der innere Kern der Zwiebel wird durch die Werte dargestellt. Für die die nicht zum jeweiligen Kulturkreis gehören, ist dieser vor neugierigen Blicken geschützt und kann nur indirekt, durch seine Wirkung wahrgenommen werden. Die Symbole stellen die äußere Schale der Kultur-Zwiebel dar. Gemeinsam mit den Helden und Ritualen beschreibt Hofstede sie als Praktiken, die auch für Außenstehende direkt sichtbar sind. Dazu aber an anderer Stelle mehr.

1.3 Schwerpunkt des Portfolios

Grundlage für diese Ausarbeitung ist das Buch von Schein, E. H „Organisationskultur"   und zwar die 3. Auflage aus dem Jahr 2010. Ergänzende Literatur ist stets angegeben, die hier Verwendung gefunden hat. Besonders reizt mich die Verbindung zur Kommunikation als ein Bestandteil. Hier soll auch der Schwerpunkt liegen. Da ein wesentlicher Bestandteil einer Organisationskultur für mich die Kommunikation darstellt. Und diese im verbalen wie nonverbalen Bereich abläuft. Das will ich in dieser Arbeit näher beleuchten. Gibt es vielleicht sogar Unterschiede in der verbalen zur nonverbalen Kommunikationskultur? Können sich beide Kommunikationsarten innerhalb einer Organisation soweit verfestigt werden, dass sie als Teil der Organisationskultur zu bezeichnen wären?

2 Thema

Ändert sich die Organisationskultur mit dem Wechsel der Führungskraft?

2.1 Warum wurde dieses Thema gewählt?

Warum habe ich das Thema gewählt? In erster Linie aus meiner Praxis, innerhalb eines Jahres haben wir den „dritten Chef". Die Kommunikation innerhalb des Teams, bzw. Kommunikation zum Chef und in die Gegenrichtung hat sich stark verändert, zwischenzeitlich klappt sie scheinbar gar nicht mehr, man redet eher aneinander vorbei oder auf unterschiedlichen Ebenen. Hat sich die Kommunikationskultur verändert, durch den Austausch einer einzigen Führungskraft in der unteren Führungsebene? Oder wird die vorhandene Führungskultur von oben nach unten einfach nur sichtbarer? Dieser Frage möchte ich mit Hilfe der Organisationskultur versuchen für mich zu klären. Auffällig ist jedoch, dass sich nach dem ersten Chef, bei dem das Gefühl bei weiten Teilen der Mitarbeiter sehr gut war, er setzte sich für uns ein, mischte sich aber nicht in unsere tägliche Arbeit ein, solange die Dinge vernünftig liefen. Und jetzt? Nach einer kurzen Episode einer neuen Führungskraft, die nach 6 Wochen aufgegeben hat, auch wenn sie aus dem Team stammte, gab es eine 5 monatige Führungslosigkeit. Hier bekamen wir alle Probleme, weil keiner im Stande war bestimmte Dinge zu lösen oder nach oben zu kommunizieren, wir wurden faktisch nicht wahrgenommen. Nach einer kurzen fast euphorischen Phase, es gab einen neuen Chef aus unserem Mitarbeiterkreis, ist dies der allgemeinen Ernüchterung gewichen. Er kontrollierte alles und jedes, dadurch gehen bisher flüssige Abläufe überhaupt nicht mehr voran, es herrscht absoluter Stillstand. Und nicht nur das, das gesamte Team stellt sich gegen seine Art und Weise zu arbeiten. Eine ganze Weile, ohne ihn zum Umdenken zu bewegen und ohne Gehör nach oben Fraglich ist das Ziel seiner Maßnahmen. Sicherlich sollte er Kosten sparen, das tut er, leider in unseren Augen weit über das Ziel hinaus. Das ganze Team bröckelt. Fraglich ist, ist es nur seine Art der Kommunikation oder zeigt sich hier die bisher etwas verdeckte agierende tatsächliche Organisationskultur? Kommt sie durch die veränderte Führungskraft nur mehr zum Tragen? Oder hat sich, um bei Schein zu bleiben, das Verhältnis des sichtbaren zum unterwasserliegenden Teil des Eisberges verschoben? Ist mehr von der eigentlich herrschenden Kultur in der Verwaltung sichtbarer geworden? Inzwischen hat sich die Kommunikation streckenweise stark verbessert, in einigen Teilen gibt es weiterhin in meinen Augen Verbesserungsbedarf. Aber wie konnte es soweit kommen? Was unterscheidet eigentlich die Organisationskultur von der Verwaltungskultur? Gibt es hier spezifische und signifikante Unterschiede? Oder sind es nur zwei Begriffe für ein und denselben Sachverhalt?

2.2 Bezug zu den verschiedenen Modellen

Bei näherer Überlegung zu diesem Thema stellte sich mir die Frage, welche Organisationskultur herrscht denn überhaupt in unserer Verwaltung? Dies ist daher wichtig um die Grundannahmen, die ungeschriebenen Gesetze und Regeln innerhalb der Verwaltung zu kennen, da ohne Kenntnis darüber, wie schon Schein sagte, es sonst zu Reaktionen kommen kann, die nicht erwartet wurden. Die genaue Analyse der Kultur innerhalb der Verwaltung würde hier den Umfang des Portfolie sprengen, daher wird darauf verzichtet.

Eine besondere Bedeutung für die Art der Organisationskultur haben Vorgesetzte und Führungskräfte. Sie sollten die Kultur vorleben und damit ein Vorbild für die Mitarbeiter und die Belegschaft sein. Aber was, wenn Sie ein Vorbild im negativen Sinne darstellen? Oder aber eben wie in der Verwaltung mehrfach geschehen, die Führungskraft ausgetauscht wird und alles was vorher richtig war auf einmal falsch ist? Und ist die Führungskraft nicht auch Teil der Organisationskultur und wird von ihr ebenfalls beeinflusst? Ich denke das der Einfluss, den die Führungskraft in unserer Verwaltung auf der ersten Führungsebene von unten gesehen der Hierarchie auf die Organisationskultur hat, doch eher gering ist. Natürlich kommt es auf die Position an, in welcher Hierarchieebene sich die jeweilige Führungskraft befindet. Auffallend ist in der Stadtverwaltung, in der ich tätig bin, dass der gewünschte Führungsstil sehr hierarchisch festgelegt ist und Abweichungen oder das Überspringen einer Hierarchieebene nicht gewünscht, ja sogar missbilligt wird. Die ständig wechselnde Führungskraft in unserem Servicebereich der Verwaltung, unter der ich direkt arbeite, ist ein eher „kleines Rad" im Getriebe, daher kann sie auch nur einen geringen Einfluss auf die gelebte Kultur der gesamten Stadtverwaltung haben, aber eben einen enormen auf unseren Bereich. Allerdings hat auch er Einfluss auf die Kultur im Unternehmen und konkret „nur" auf die Kultur in dem Team. Wenn ich unser Team beschreiben sollte, würde ich sagen, wir haben zusammengehalten wie Pech und Schwefel. Einer war für den anderen da. Es gab Rituale die alltäglich einfach abliefen, ohne dass sie uns jemand anordnen musste. Wer früh kam, machte eine Runde durch die Büros, sagte allen guten Morgen, man hält einen kurzen Plausch, eh jeder seiner Arbeit nach geht. Diese kurzen informellen Gespräche sind enorm wichtig für das Team. Es machte lange keinen Unterschied in welcher Position der einzelne arbeitet. Das war lange sehr angenehmes Arbeiten. Bis der Chef wechselte. Jetzt ist es ein junger Mann, der vorher Teil des Teams war. Jetzt steht er außen vor. Ein Grund dafür sehe ich in der mangelnden Kommunikation oder der Fehlkommunikation. Die starken Hierarchiestrukturen werden immer deutlicher, es wird verstärkt Wert auf deren Einhaltung gelegt. Eine Stufe zu überspringen ist nicht erwünscht, ja nicht gewollt. Plötzlich steht ein Mitglied des Teams als Leiter dar, ohne Teil des Teams zu sein. War es vorher ein Miteinander aller Beteiligter, gibt es jetzt 2 Seiten, die des Vorgesetzten und höhere Hierarchiestrukturen und die des Teams. Das scheint ein Teufelskreis zu sein, aus dem das Team nicht raus kann und will und scheinbar auch die Führungskraft nicht raus kann. Zwischenzeitlich wurde jedes Wort auf die Goldwaage gelegt. Jedes Gespräch endet mit Unverständnis. (Teufelskreismodell von Schulz von Thun) Es geht nicht mehr um die Vermittlung von Sachwissen und Kenntnisse, es ist inzwischen ein Handeln nach dem was man vorher erwartet, was die andere Partei tun wird. War in der Regel zuvor eine freundliche offene Kommunikation mit dem Vorgesetzen davor ein wichtiger Bestandteil der gelebten Teamkultur, änderte sich das für das Team unerwartet schnell mit der neuen Führungskraft, die zuvor Teil des Teams war. Vielleicht waren auch deswegen die die Erwartungen besonders hoch an ihn. Vielleicht musste dann genau das passieren was geschehen ist. Das Team distanziert sich zunehmend von seiner Führungskraft. Misstrauisch beäugt man sich gegenseitig. Die Führungskraft reagiert abweisend und zunehmend verbissener. Man schaukelt sich gegenseitig hoch.

Sicherlich ist hier sehr gut das Eisbergmodell der Kommunikation von Siegmund Freud zu verwenden. Die Kommunikation über Daten, Zahlen, Fakten, die einfach belegbar und feststehend sind zu einem Zeitpunkt X kann man sich gut verständigen. Diese werden auch vom Team nicht nur wahrgenommen, sondern einfach auch nicht groß in Frage gestellt. Das Verhalten, das man auf beiden Seiten sieht, wird wahrgenommen, bewusst und ist sichtbar. Geht man in der Kommunikation aber etwas tiefer, gelangt man schnell an einem Punkt, an dem eigene und persönliche Ängste auf Seiten der Mitarbeiter ebenso wie auf Seiten der Führungskraft zu erkennen sind. Dazu kommen nicht erkennbare und sichtbare eigene Gefühle ins Spiel. Diese sind nicht sichtbar auf der einen Seite, werden aber auch nicht bewusst eingesetzt. Diese Prozesse laufen innerhalb des Menschen in Bruchteilen von Sekunden ab. Sie werden von beiden Seiten in der Regel an sich nicht hinterfragt. Also nur wenige mir bekannte Führungskräfte stellen überhaupt ihre eigenen Reaktionen und Wirkungen auf andere, egal ob nah, oben oder unten in der Hierarchie in Frage. Die eigene Motivation, warum man gerade eine Entscheidung in diesem Moment genau so trifft wird nicht oder nur sehr selten hinterfragt. Noch gravierender, um beim Eisbergmodell von Freud zu bleiben, wird es, wenn man noch wesentlich tiefer unter die Wasseroberfläche taucht, wenn man fast schon den Grund sehen kann. Je mehr und gründlicher man hier abtaucht, je mehr man seine eigenen Gefühle, Wahrnehmung und den eigenen Willen hinterfragt, die tief oft verborgen liegen, desto mehr reflektiert man dann auch sich und sein Verhalten im System und kann somit auch die Reaktionen und Gegenreaktionen auf sein Verhalten von der Umgebung nachvollziehen. Dies alles verstehe ich unter dem Begriff des Eisberges. Nur die Spitze ragt sichtbar heraus, dies ist die formale Seite. Die mit den geregelten Abläufen im

Unternehmen gleichzusetzen ist. Der große Brocken liegt unter der Wasseroberfläche und ist unsichtbar auf den ersten Blick. Hierbei geht es um Einstellungen und Positionierungen, um die informellen Vorgehensweisen. Ein Eisberg geht aber nicht gradlinig unter Wasser weiter, es gibt Abbrüche und Verzweigungen, Hindernisse, die mit eingefroren und umschlossen wurden. Eigentlich im herkömmlichen Sinne, ist ein Eisberg eine Bedrohung, da man seine Größe, Form und Ausbreitungen nicht einfach erfassen kann. Zudem verändert er sich, zeitlich bedingt, schmilzt ab, wächst weiter etc. Ein unberechenbares Konstrukt. Genauso unberechenbar und steuerbar wie die Unternehmenskultur scheinbar.

Die Kultur in der Verwaltung, die nun mal gegeben streng hierarchisch ist, lebt von der Kommunikation der Mitarbeiter untereinander. Ohne Kommunikation kann sich, und hätte sich auch keine Kultur entwickelt. Kommunikation ist also die Basis der Kultur. Dabei spielt sowohl die verbale als auch die nonverbale eine wesentliche Rolle. Kulturen in der Verwaltung sind ebenso wie in Unternehmen und Organisationen durch beständigen Wandel gekennzeichnet. Ohne die permanente Anpassung und Optimierung im jeweiligen Rahmen entwickelt sich eine Verwaltungskultur nicht weiter. Stillstand ist immer ein Rückschritt. Im Buch von Kühl findet sich der Begriff der „Kommunikationslatenz". Hier beschreibt er, dass selbst bei Aufforderungen durch den Vorgesetzten ein „offenes Wort" oder „wirkliche Motive" zu schildern dies oft nicht wirklich erwartet wird. Im Gegenteil „ein hohes Maß an Bereitschaft, genau diese Kommunikationslatenz zu bewahren und zu pflegen. (vergl. Kühl 2011, S. 163)

Aber was hat sich bei uns so geändert. Unser erster Chef war offen zugänglich. Er hat sich nicht höhergestellt als wir es waren, er hat jedem seinen eigenen Handlungsspielraum gegeben, innerhalb dessen man frei agieren konnte. Wir haben und Wert geschätzt gefühlt, fühlten uns verstanden und als Teil des Teams. Er war mitten drin, ein Teil des Ganzen. Das haben wir gelebt. Sicherlich, um beim Eisbergmodell zu bleiben, nicht immer sehr bewusst, aber es war da dieses „Wir-Gefühl". Es gab in den einzelnen Bereichen und untereinander einen permanenten Austausch. Dadurch war es möglich, so sehe ich es im Rückblick heute, dass sich Missverständnisse und Unsicherheiten nicht ausgebreitet haben, weil man im ständigen Kontakt war. Wie im Sendermodell zu erkennen, wir waren nicht nur im sachlichen Austausch miteinander, sondern stärkten dadurch und durch gemeinsam verbrachte Mittagspausen, regelmäßige Teammeetings auch die soziale Beziehung untereinander. Wir haben auf allen Ebenen miteinander kommuniziert. Die Hierarchie, die uns jetzt so stört, gab es die ganze Zeit. Nur er hatte es verstanden hier für uns als Schirm zu agieren. Dadurch kamen nicht alle Anweisungen knallhart von oben zu uns durch. Er hat ausgesiebt, uns erklärt wieso warum weshalb etwas notwendig wurde. Die Kommunikation stand also auf breiten Füßen. Und danach? Es gab ein zeitlich großes Loch, in dem faktisch da keine Leitung anwesend war, auch keine Kommunikation mit den obersten der Führungsregie, diese kommunizierten, denke ich weiter wie bis her nur eben ohne einen Sachgebietsleiter dazwischen, der beide Seiten kennt und sich damit auseinander setzt und die Anweisungen Mitarbeitergerecht aufarbeitet. Und unser „neue Chef" muss seine Position erst finden. Auch nach Monaten gelang es ihm nicht, die Basis zu gewinnen, da er seine Entscheidungen stets unabhängig von Gesprächen mit uns Mitarbeiter fällte, sondern den Versuch unternahm die Anweisungen von oben 1:1 umzusetzen, was kläglich scheitern musste.

Wir kannten seine Motivation dahinter nicht, verstanden die Zusammenhänge nicht, und waren oft auf der Gefühlsebene verletzt. Diese beständige Unzufriedenheit nahm permanent zu und man dachte jederzeit könnte es eskalieren. Die Ursache lag nicht in der vielleicht schlechten Organisationskultur, sondern vielmehr in der sehr schlechten Kommunikation. Sie soll die Mitarbeiter vorbereiten, unterstützen und stabilisieren. Oft führt jedoch ein unsystematischer oder fehlender Einsatz von interner Kommunikation zu Widerständen, zum Beispiel durch Verunsicherung oder Angst bei den Mitarbeitern. Dabei beinhaltet der Begriff der internen Kommunikation nicht nur die rein verbale, sondern den gesamten Informationsaustausch, der in einer Verwaltung an meinem Beispiel stattfindet. Sämtliche formellen und informellen, vertikalen, horizontalen und diagonalen (bereichs- oder abteilungsübergreifende) Kommunikationsaktivitäten werden durch sie beschrieben. Und genau diese Kommunikationswege lagen brach. Weder verbal noch per email, oder informellen Gesprächen fanden Austauschgespräche statt. Die Anordnungs- bzw. Umsetzungsfunktion also die Entscheidungen, die von den Dezernenten getroffen und dann schließlich von den Mitarbeitern operativ umgesetzt werden müssen fanden einseitig, ohne Rückkopplung und Feedbackmöglichkeiten statt. Diese Funktion ist aber wichtig, damit Kommunikation wirklich funktionieren kann. Die Mitarbeiter sollten umfassend über die Ziele der Verwaltung informiert werden, damit sie die von der Führung gefassten Entscheidungen verstehen und somit auch unterstützen können. Eine (gefühlte) Partizipation der Mitarbeiter bei Entscheidungen, die von „oben" beschlossenen wurden, führt zu einer erhöhten Mitarbeitermotivation und soll der Gerüchteentwicklung entgegenwirken. Motivierte Mitarbeiter, die sich mit ihrer Verwaltung und ihrer Arbeit identifizieren und auch durch ihren guten Informationsstand Entscheidungen in ihrem Bereich plausibel erklären können, treten als Botschafter der Stadt auf. Interne Kommunikation spielt daher eine wesentliche Rolle bei der Formung eines Bildes der städtischen Verwaltung in der Öffentlichkeit.

2.2.1 Modell von Schein

Schein versteht Unternehmenskultur als Muster, als eine Art gemeinsamer Grundprämissen, dass die Gruppe bei der Bewältigung ihrer Probleme, externer Anpassung und interner Integration gelernt hat, das sich im Alltag bewährt hat, und das somit als für alle bindend gilt; und das daher an neue Mitarbeiter und Mitglieder des Unternehmens / der Organisation als rational und emotional korrekter Ansatz für den Umgang mit Problemen als Leit- und Handlungsfaden an die Hand gegeben wird.

Es existieren mehrere Modelle, um Unternehmenskultur zu definieren und ihre Elemente miteinander in Beziehung zu setzen. Eine der wahrscheinlich wichtigsten Rolle nimmt hier das Mehrebenen-Modell von Schein ein, dass Grundannahmen, Werte und Artefakte behandelt. Hier definiert Schein Werte als von der Belegschaft geteilte Einstellungen über Verfahrensweisen und die die Zustände im Unternehmen wiederspiegeln. Diese werden nicht weiter hinterfragt und oft unbewusst geteilt. Sie haben sich anhand von Lernprozessen gebildet, indem gemachte Erfahrungen in einem Unternehmen verinnerlicht wurden. Aus diesen Werten werden Normen abgleitet, die als dauerhafte und implizite Regeln Eintritt in den Unternehmensalltag gewinnen. Normen lassen sich besser beeinflussen und können somit das Verhalten der Mitarbeiter leichter steuern. Was für Unternehmen gilt, muss meiner Meinung nach auch für Verwaltungen im Prinzip gelten.

Artefakte dagegen haben einen symbolischen Charakter und können eine verbale (Sprache, Legenden), handlungsorientierte (Rituale, Zeremonien) oder physische Ausprägung (Gebäude, Architektur) haben. All diese verbalen und nonverbalen Handlungen und Zeichen sind für Mitarbeiter und externe Zielgruppen sichtbar, prägen somit das Unternehmensbild und tragen zur Identifikation der Mitarbeiter mit dem Unternehmen bei. Werte und Normen können einen positiven Einfluss auf die Bildung von Artefakten haben. Diese wiederum können neue Werte und Normen hervorrufen, sind aber wohl nicht prägend für die Kultur selbst.

Je mehr ich über meine Verwaltung nachdenke, um so klaren wird mir die Struktur. Die zentralisierte Kontrolle und der streng gewollte Führungsstil sind kennzeichnend für unsere Stadtverwaltung, Ganz oft höre ich den Satz, „das haben wir schon immer so gemacht, sobald man Abläufe nach ihrer Sinnhaftigkeit hinterfragt. Das Festhalten an Traditionen und eine Abschottung gegenüber Ideen, die von neuen Mitarbeitern eingebracht werden, ist kennzeichnend. Im Zuge dieser Arbeit habe ich gezielt die mir bekannten Kollegen angesprochen, die noch relativ neu sind, allen ist unabhängig voneinander aufgefallen, dass auf die verschiedenen hierarchischen Ebenen großen Wert gelegt wird. Allein wenn eine Anweisung, selbst nur eine Idee von der oberen Führung kommt, werden diese nicht mehr hinterfragt, sondern fast blind ausgeführt, komme was wolle. Die Führungskräfte lassen sich bei Entscheidungen nicht von ihren Mitarbeitern beraten, und die verschiedenen Abteilungen teilen keine gemeinsame Idee, wo es eigentlich hingehen soll. Innovation und Veränderungen lassen sich in diesem Rahmen immer eher schwer realisieren. Allerdings fällt mir dabei auf, dass viele Mitarbeiter, gerade die die schon sehr lange im Dienst der Stadt stehen, zwar ihre Arbeit nach Anweisung tun, aber ein Vertrauen, dass das was von oben kommt richtig ist herrscht trotzdem nicht vor. Im Gegenteil, es wird viel geschimpft, auf „die da oben" aber den Mund aufmachen und direkt diskutieren tut kaum einer, auch nicht die mittleren Führungskräfte.

Diese Struktur herrschte schon als ich vor 4 Jahren in der Stadtverwaltung angekommen bin. Was hatte sich zwischendurch geändert? Immer klarer wird mir, dass dies an unserem zeitweiligen Chef lag. Er war auch neu in der Stadtverwaltung, und selbst eine starke Führungspersönlichkeit. Allerdings hielt er dabei nichts von der hierarchischen Führung. Im Gegenteil, für ihn war es wichtig, dass seine Mitarbeiter ihm Vertrauen und dazu gehörte auch, dass sie seine und die Vorgaben und Anweisungen von oben durchaus hinterfragen konnten, und auch sollten. Das führte nicht zu einer komplett anderen Verwaltungskultur, aber es erhöhte in unserer Abteilung deutlich die Zufriedenheit und schlagartig ließ die hohe Fluktuation nach. Ähnliches galt für die interne Kommunikation, die sich zeitweilig richtig gehend positiv auswirkte. Man sprach miteinander nicht übereinander. Es gab Arbeitsergebnisse und Handlungsanweisungen nach Gesprächen, in denen das Für und Wider abgewägt wurde. Natürlich traf unser Chef damals letztlich die Entscheidung für seinen Bereich, aber er gab uns das Gefühl daran beteiligt zu sein und unsere Bedenken und Einwände fanden dabei auch Gehör. Vielmehr wurde in dieser Zeit bei uns die diagonale Kommunikation, also der abteilungsübergreifende Informationsaustausch genutzt, was stets zum Vorteil gereichte. So entwickelte sich für uns Mitarbeiter das Gefühl, besser informiert zu sein und wir wurden in die Lage versetzt, mit Vorgesetzten über verschiedene Abläufe und Themen auch diskutieren zu können. Leider gefiel das der obersten Führung überhaupt nicht und so wurde nach 2 Jahren ein „neuer" Chef eingesetzt, der eher den autoritären hierarchisch geprägten Führungsstil bevorzugt. Genau hierin liegt glaube ich das Hauptproblem innerhalb unserer Verwaltung. Wir waren selbstständiges Denken und Handeln gewohnt, führten Gespräche auf Augenhöhe und taten unsere Meinung auch kund, wenn sie konträr zu der der Führung bestand. Dies ist seit Neuestem aber nicht gewollt und schon häufen sich die zuvor dagewesenen Probleme.

Stellt sich die Frage, was kann getan werden, um hier eine Verbesserung herbei zu führen? Ist die Organisationskultur vielleicht ein Hilfsmittel? Das Betriebsklima ist sichtbar nach innen und inzwischen auch nach außen gestört. Das konkrete Betriebsklima gibt es nicht, es ist die subjektiv erlebte und wahrgenommene längerfristige Qualität des gemeinsamen Arbeitens der

Mitarbeiter der Stadt, und der einzelnen Bereiche. Wozu ist ein gutes Miteinander wichtig? In erster Linie hat es eine gravierende Rolle für die Motivation des einzelnen Mitarbeiters. Es sollte auch für die Verwaltungsführungskräfte wichtig sein, da nur durch motivierte und engagierte Mitarbeiter auch in Zeiten die schwierig sind, Ausfälle, Krankheiten, Kündigungen, etc. die Arbeit gleichbleibend gut erledigt werden sollte. Was ich bei uns wahrnehme ist ein äußerst schlechtes Klima innerhalb der Verwaltung. Das führt dazu, dass viele, jeder für sich unmotiviert und lustlos zur Arbeit geht, der Spaß daran verloren gegangen ist und der Krankenstand sehr stark angestiegen ist. Welches Mittel es dagegen gibt ist noch die Frage, die sich förmlich aufdrängt. Dies zu erörtern liegt aber nicht im Schwerpunkt dieser Arbeit. Dennoch als kurze Antwort, finde ich, dass eine Maßnahme wäre um das allgemeine Betriebsklima zu verbessern, die Organisationskultur so zu gestalten, dass sie eine vertrauensvolle Basis schafft mit Raum für eigenverantwortliches Handeln, mit abgeflachten Hierarchien und einem modernen mitarbeiterfreundlichen kooperativen Führungsstil. Allerdings müsste sich die Verwaltung hier in allen drei Punkten um 180 Grad drehen, was eher leider nicht zu erwarten ist.

2.3 Wie steht das Thema zu anderen Modulen des Studiums?

Das ist die fast einfachste Fragestellung in dieser Ausarbeitung, dachte ich zunächst. Kommunikation war eindeutig. Das jedoch die Zusammenhänge weit über Kommunikationsmodul hinausgeht wurde mir erst nach und nach klar. Viele Zusammenhänge erklären sich schon aus dem bisher erarbeiteten eigentlich von ganz allein.

Der Bezug zum Modul „Kommunikation" liegt klar auf der Hand. Schon allein aufgrund der Tatsache, dass das Modell des „Eisberges" sowohl bei dem Kulturmodell als auch bei der Kommunikation Verwendung findet. Zudem bildet die Kommunikation die Basis, die notwendige Grundlage für eine starke und ausgeprägte Kultur. Ohne Kommunikation gibt es keine Kultur, wäre und ist der logische Schluss.

„Starke und ausgeprägte Organisationskulturen können sich auf Grund einheitlicher Orientierungsmuster durch einfache und direkte Kommunikations- und Abstimmungsprozesse auszeichnen" (Thomas Faust S.65) Dabei ist nicht festgelegt wie die Art der Kommunikation stattfindet. Faust macht keine Unterscheidung zu verbaler oder nonverbal Kommunikation. Das ist für mich auch logisch, geht man geschichtlich zu den Steinzeitmenschen und weiter zurück, gab es Sprache, über Worte, wie sie heute existiert ja noch nicht. Die Menschen kommunizierten mit Lauten und Gesten, mit Hilfe der Mimik und der gesamten Körpersprache. Wichtig ist auch heute die nonverbale Kommunikation, wenn auch die verbale einen scheinbar größeren Einfluss hat. Aber in der persönlichen und direkten Kommunikation spielt sie eine entscheidende Rolle. Spürbar wird dies bei Telefonaten, hier entfällt der nonverbale Bereich.

Sibylle Götz

Man muss sich auf das verlassen was man hört, auch vielleicht zwischen den Zeilen, in Form von Stimmlage, Lautstärke etc. Sowohl der Entwicklungsprozess des Individuums als auch der Entwicklungsprozess der Organisation hat ihren Ursprung in der gegenseitigen Interaktion dieser beiden Bereiche.

Ein weiterer sehr offensichtlicher Bezug besteht zum Modul 7 „Organisationsentwicklung und Change Management". Eine Organisation entwickelt sich mit ihrer Kultur. Es geht nicht das eine ohne das andere. Die Kultur wird nicht einfach komplett verworfen und man nimmt sich vor eine neue aufzubauen, sondern die Kultur wird den neuen Erfordernissen angepasst. Dies ist ein langwieriger Prozess, der auch nicht von heut auf morgen beschlossen werden kann. Er muss sich entwickeln. Selbst die Veränderung im Rahmen eines Change Management wird geleitet und im Hintergrund gesteuert durch die vorhandene Kultur. Erst nachdem ein Veränderungsprozess durchlaufen wurde kann sich die Kultur, wenn es nötig ist mit der Zeit anpassen. Das setzt voraus, dass die Mitarbeiter, die diese Kultur praktizieren dem gegenüber offenstehen.

Aber auch im Modul 4 finde ich mich mit diesem Thema wieder. „Organisationales Lernen" findet statt, wenn Menschen miteinander kommunizieren und Prozesse, hier im Arbeitskontext, aus Erfahrungen und neuen Überlegungen entsprechend anpassen. Wie offen eine Organisation für Veränderungen und für Lernprozesse der gesamten Organisation ist, hängt von ihrer gelebten Organisationskultur ab.

3 Abschluss

Was bleibt für mich als Ergebnis, als Fazit in der Auseinandersetzung mit dem Thema Organisations- Unternehmenskultur übrig?

Zunächst, dass es ein sehr weites Feld ist, es ist nicht einfach überschaubar, sondern sehr komplex. Weitaus umfangreicher als ich selbst dachte.

Die Zusammenhänge und Tragweiten ergeben sich erst in kleinen Schritten. Was zu Beginn sich als recht einfache Aufgabe darstellte wurde immer komplexer und unübersichtlicher. Dennoch lässt sich nicht alles für mich erklären. Ist es nun die Führungskraft oder nicht, die die Unternehmenskultur ausmacht? Die Frage was der Ausgangspunkt der Arbeit. Ich kann es mit einem eindeutigen „jein" beantworten. Die Führungskraft ist ein Teilchen, ein Rädchen innerhalb des Unternehmens, sie macht die Kultur bei weitem nicht aus. Sie ist, um beim Eisbergmodell zu verbleiben, vielleicht ein kleines Teilchen oberhalb der Wasseroberfläche. Aber unbedeutend klein im Gesamtsinn gesehen. Der wesentlich größere Teil liegt im nichtsichtbaren Bereich, den auch die Kraft nicht überblicken kann. Da spielen viele Faktoren mit rein, auf die die Führung selbst keinen großen bis gar keinen Einfluss hat, und die sie zum

Teil nicht mal kennen dürfte. Worauf sie einen Einfluss hat ist die Art der Führung und die Form der Kommunikation. Aber wie gesagt das sind nur minimale Teile der Kultur. Am Wahrscheinlichsten ist es für mich, dass die Art der Kultur in der Verwaltung sich in meinen Augen überlebt hat und sich eigentlich wandeln müsste, dies aber nicht tut, da nach dem Motto agiert wird, „Das haben wir schon immer so gemacht" und „Es kommt wie es kommt".

Die Strukturen und Auswirkungen wurden von der vorhergehenden Führungskraft scheinbar weitestgehend ignoriert bzw. zum Teil dagegen an gearbeitet, so dass die Wucht mit der Entscheidungen, auf uns niedergingen wie durch einen Schirm gemildert wurde. Da dieser Schutzschirm weggefallen ist, und dies auf Wunsch der oberen Hierarchieebenen, und gegen eine „hörigere" Kraft ausgetauscht wurde, scheinen diese Mechanismen, die schon immer abgelaufen sind, einfach sichtbarer und deutlicher zu werden. Die Auswirkungen, die man nun wieder über dem Wasserspiegel sieht, sind prägnanter, sie sind sichtbarer, aber sehr partiell. Über das was vorher sichtbar war liegt nun wieder das Wasser und verdeckt den direkten Blick. Eigentlich sehr schade.

4 Anhänge

Das Teufelskreismodell von Schulz von Thun

Anmerkung der Redaktion: Der Anhang wurde aus urheberrechtlichen Gründen entfernt, kann aber anhand der URL nachvollzogen werden.

https://www.schulz-von-thun.de/modelle/das-teufelskreis-modell

Das Situationsmodell von Schulz von Thun

https://www.schulz-von-thun.de/modelle/das-situationsmodell

Das Werte- und Entwicklungsquadrat von Schulz von Thun

https://www.schulz-von-thun.de/die-modelle/das-werte-und-entwicklungsquadrat

Das Kommunikationsquadrat

http://www.4augen-modell.com/4augen-modell/kommunikationsquadrat/#:~:text=Das%20Kommunikationsquadrat%20%28auch%20Vier-Ohren-Modell%20genannt%29%20ist%20ein%20Kommunikationsmodell,Das%20Kommunikationsquadrat%20beschreibt%20die%20Mehrschichtigkeit%20einer%20menschlichen%20%C3%84usserung.

https://www.bpb.de/lernen/grafstat/klassencheckup/46406/m-04-02-vier-ohren-und-ein-eisberg

Sibylle Götz

https://www.soft-skills.com/wp-content/uploads/eisberg-modell-bilder-sachebene-bewusstsein-google.jpg

Modell nach Schein

https://de.wikipedia.org/wiki/Kulturebenen-Modell

https://organisationsberatung.net/unternehmenskultur-kulturwandel-in-unternehmen-organisationen/

Sibylle Götz

Zwiebelmodell nach Hofstede

https://ams-forschungsnetzwerk.at/downloadmhb/401_Zwiebelmodell%20der%20Kultur.pdf

https://www.hyperkulturell.de/glossar/kulturzwiebel/#:~:text=Der%20Kulturbegriff%20als%20Zwieb elmodell&text=Hofstede%20beschreibt%20Kultur%20als%20eine%20Zwiebel%2C%20die%20aus%20 verschiedenen%20Schichten%20besteht.&text=Symbole%20sind%20Worte%2C%20Gesten%2C%20B ilder,die%20der%20gleichen%20Kultur%20angeh%C3%B6ren.

https://www.buchreport.de/news/wie-unternehmenskultur-funktioniert-und-wie-man-sie-wandelt/

Aus Klaus Eckrich, „Kulturveränderung im Unternehmen". Verlag Franz Vahlen

https://www.google.de/search?q=bedingunegn+einer+lernenden+organisation+abbildung&tbm=isch &source=iu&ictx=1&fir=nyjTo8BLkyMe4M%252C8rLWhPANaua_3M%252C_&vet=1&usg=AI4_- kSEW1y42NRojwgKITyoS63UxOOe8A&sa=X&ved=2ahUKEwjf5avKyvfqAhXJzaQKHd4PBzwQ9QEwB3o ECAoQBw&biw=1437&bih=691#imgrc=nyjTo8BLkyMe4M

16

5 Literaturverzeichnis

Schein, E. H

Organisationskultur 3. Aufl. 2010 Bergisch-Gladbach

Hofstede, Geert

Lokales Denken, globales Handeln. Kulturen, Zusammenarbeit und Management. 1997 München

Friedemann Schulz von Thun

Miteinander reden. Band 1: Störungen und Klärungen - Allgemeine Psychologie der Kommunikation. 46. Auflage Reinbek bei Hamburg 2008

Garo D. Reisyan

Neuro-Organisationskultur Springer Gabler Verlag Berlin, Heidelberg 2013

Georg Schreyögg, Daniel Geiger

Organisationen, Grundlagen moderner Organisationsgestaltung, mit Fallstudien, 6. Auflage Springer Gabler Verlag

Stefan Kühl

Organisationen – Eine sehr kurze Einführung, VS Verlag für Sozialwissenschaften,

1. Auflage 2011

Thomas Faust

Organisationskultur und Ethik: Perspektiven für öffentliche Verwaltungen

TENEA Verlag für Medien Berlin 2003

BEI GRIN MACHT SICH IHR WISSEN BEZAHLT

- Wir veröffentlichen Ihre Hausarbeit,
  Bachelor- und Masterarbeit

- Ihr eigenes eBook und Buch -
  weltweit in allen wichtigen Shops

- Verdienen Sie an jedem Verkauf

Jetzt bei www.GRIN.com hochladen und kostenlos publizieren